FORMULAIRE

# D'ACTES USUELS

## SOUS-SEING PRIVÉ

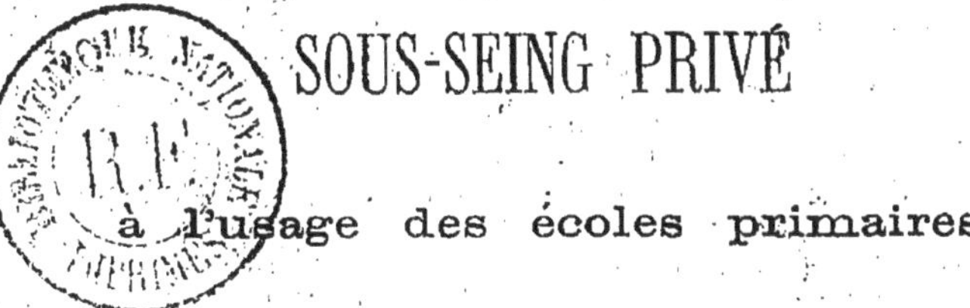

à l'usage des écoles primaires

**Par L.-Ch. BONNE**

Avoué, Docteur en droit, Juge suppléant, Officier de l'Instruction publique
chargé du Cours de législation et d'économie sociale
au Lycée de Bar-le-Duc

PARIS
LIBRAIRIE CH. DELAGRAVE
58, RUE DES ÉCOLES, 58
1876

## A LA MÊME LIBRAIRIE

### ENCYCLOPÉDIE DES GRANDS DICTIONNAIRES

**Dictionnaire général de Biographie et d'Histoire,** de Mythologie, de Géographie ancienne et moderne, par MM. CH. DEZOBRY, TH. BACHELET et une Société de littérateurs, de professeurs et de savants. 6e édit., 1 vol. gr. in-8 jésus. Prix, broché . . . . . . . . . . . . . . . . . . . . 25 »
Le cartonnage en percaline gaufrée. . . . . . . . . . . . . . . . 5 »
La demi-reliure en chagrin . . . . . . . . . . . . . . . . . . . 8 »
Supplément aux premières éditions . . . . . . . . . . . . . . . 4 »

**Atlas général de géographie physique et politique, ancienne, du moyen âge et moderne,** par MM. CH. BARBERET et CH. PÉRIGOT. 1 magnifique in-folio colombier, comprenant 95 planches gravées sur acier et coloriées avec le plus grand soin. Relié solidement et élégamment, en demi-veau, plats papier . . . . . . . . . . . . . . . . . . . . . . . 40 »
En demi-chagrin, plats toile . . . . . . . . . . . . . . . . . . 42 »
Cet atlas est le complément indispensable du *Dictionnaire général de Biographie et d'Histoire,* de MM. Dezobry et Bachelet.

**Dictionnaire général des Lettres,** des Beaux-Arts, des Sciences morales et politiques, par MM. TH. BACHELET, CH. DEZOBRY, et une Société de littérateurs, d'artistes, de publicistes et de savants. 3e édit., 1 vol. grand in-8 jésus, figures dans le texte. Prix, broché . . . . . . . . . . . . . . 25 »
Le cartonnage en percaline gaufrée. . . . . . . . . . . . . . . 4 50
La demi-reliure en chagrin . . . . . . . . . . . . . . . . . . . 6 50

**Dictionnaire général des Sciences** théoriques et appliquées, par MM. PRIVAT-DESCHANEL et AD. FOCILLON, avec la collaboration de savants, d'ingénieurs et de professeurs. 1 vol. in-8 jésus, avec plus de 4 000 figures dans le texte. Prix, broché. . . . . . . . . . . . . . . . . . . . . . . . . 32 »
Le cartonnage en percaline gaufrée . . . . . . . . . . . . . . . 5 »
La demi-reliure en chagrin. . . . . . . . . . . . . . . . . . . . 8 »

**Dictionnaire de Chimie industrielle,** par MM. BARRESWILL et GIRARD, avec la collaboration de professeurs, de chimistes et d'industriels. 5 beaux vol. in-8 avec un grand nombre de figures intercalées dans le texte, br. 25 »
La reliure demi-chagrin . . . . . . . . . . . . . . . . . . . . . 7 »

**Dictionnaire (nouveau) général des Pêches,** publié sous les auspices de MM. les ministres de la Marine et des Colonies, du Commerce et de l'Agriculture et de l'Instruction publique, par M. H. DE LA BLANCHÈRE; précédé d'une préface par M. AUG. DUMÉRIL, professeur d'ichthyologie au Muséum d'histoire naturelle. 1 magnifique volume illustré de plus de 1 100 gravures sur bois, et de 48 planches coloriées, de A. MESNEL. Prix, broché . . . . . . . . . . . . . . . . . . . . . . . . . . . . . . 30 »
Cartonnage en percaline gaufrée . . . . . . . . . . . . . . . . 3 50
La demi-reliure en chagrin ou en veau . . . . . . . . . . . . . 4 »
— avec dorures sur tranches . . . . . . . . . . . . . 5 »

**Le Livre de la ferme et des maisons de campagne,** formant une véritable encyclopédie agricole de 2 160 pages illustrées, par une Société d'agronomes, d'horticulteurs et de savants, sous la direction de M. P. JOIGNEAUX. 2 forts volumes in-8 jésus. Prix, broché. . . . . . . . . . . . . . . 32 »
La demi-reliure en chagrin. . . . . . . . . . . . . . . . . . . . 9 »

**Dictionnaire de la Santé** ou répertoire d'hygiène pratique, à l'usage des familles et des écoles, par le Dr J.-B. FONSSAGRIVES, professeur à la Faculté de médecine de Montpellier, officier de la Légion d'honneur.
1 beau volume in-8 jésus à deux colonnes, d'environ 900 pages, br.

FORMULAIRE

# D'ACTES USUELS

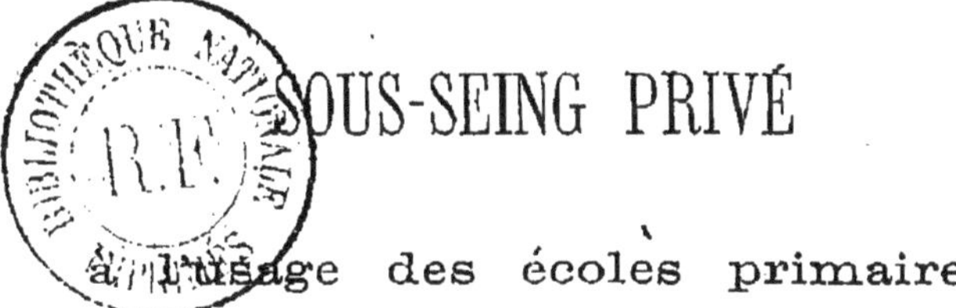


## SOUS-SEING PRIVÉ

à l'usage des écoles primaires

**Par L.-Ch. BONNE**

Avoué, Docteur en droit, Juge suppléant, Officier de l'Instruction publique
chargé du Cours de législation et d'économie sociale
au Lycée de Bar-le-Duc

PARIS
LIBRAIRIE CH. DELAGRAVE
58, RUE DES ÉCOLES, 58
1876

# TABLE DES MATIÈRES.



*Toutes nos éditions sont revêtues de notre griffe.*

# AVERTISSEMENT

Pour répondre à un désir qui nous a été souvent exprimé et dans l'espoir de rendre service à MM. les Instituteurs, nous publions quelques modèles des actes les plus usuels que l'on peut être obligé de rédiger soi-même, sans avoir recours à un notaire ou à un homme d'affaires.

Les formules que nous donnerons seront très-simples, parce que, ne pouvant pas prévoir toutes les conditions que les parties ont souvent l'intention d'ajouter à la convention principale, nous devons nous borner à indiquer celles qui se rencontrent généralement.

Quand on ne trouvera pas l'expression de la convention que l'on désire contracter, et que l'on voudra sortir de la simplicité de la formule donnée comme modèle, soit pour la modifier, soit pour la compléter, il sera prudent de consulter un homme de loi, parce que la validité d'un acte peut quelquefois dépendre de sa rédaction.

---

*Nota.* Les personnes qui désireront des explications complètes sur toutes les conventions dont nous donnons ici les modèles, les trouverons dans notre *Traité élémentaire de Droit français, à la portée de tout le monde.*

**Notions sommaires sur les obligations et les actes sous-seing privé.**

Une obligation est une convention par laquelle une personne s'engage envers une autre à donner, à vendre, à louer, à faire ou à ne pas faire quelque chose.

Chaque obligation prend un nom particulier, suivant l'objet auquel elle s'applique : la vente, le louage, le prêt contiennent des obligations réciproques.

Il ne faut pas confondre l'obligation qui résulte de la convention, avec l'acte écrit destiné à en prouver l'existence.

La convention peut exister sans être constatée par un acte écrit.

C'est ce que la loi a exprimé par cette formule qui fait admirablement comprendre la sainteté de la parole donnée par un honnête homme : « *Les conventions légalement formées tiennent lieu de loi entre les parties.* »

Celui qui, après s'être engagé, refuse de faire ce qu'il a promis, en disant : « Il n'y a pas d'acte, » est donc un malhonnête homme.

Pour s'engager valablement, il faut être majeur, c'est-à-dire être âgé de 21 ans. Il faut donc bien se garder de faire un marché avec des mineurs, car la loi, qui les protége contre leur faiblesse et leur inexpérience, les autorise à ne pas exécuter leurs engagements. Pour être valable, l'obligation doit être contractée par le tuteur du mineur.

Les interdits et les femmes mariées sont également incapables de s'obliger valablement, sans leur tuteur ou sans l'autorisation de leur mari.

Pour qu'une obligation soit valable, il faut en outre qu'elle ne soit pas défendue par la loi et qu'elle ne soit contraire ni à la morale ni à l'ordre public.

Il est des actes qui ne peuvent être valablement rédigés que par les notaires : ce sont notamment les contrats de mariage, les donations entre-vifs, certains actes de société, les obligations garanties par hypothèques, certaines procurations, etc., etc. (1); d'autres, tels que les ventes, les baux, les marchés, les partages, les liquidations, les quittances peuvent être faits par devant notaire ou simplement constatés par un acte sous-seing privé, c'est-à-dire par un écrit qui ne portera que le seing privé — (la signature privée) — des parties. Toutefois, quand ces conventions, notamment les ventes, les baux, les quittances, les liquidations de successions et de sociétés ont quelque importance, les parties contractantes ne doivent pas hésiter à recourir aux lumières d'un notaire; les honoraires qu'elles débourseront seront souvent largement compensés par les avantages que leur procurera un titre authentique et régulier (2).

Au lieu de donner d'une manière générale les règles essentielles à la validité de chaque convention, nous les indiquerons sur chaque modèle, en faisant connaître en outre les formalités auxquelles l'acte lui-même est assujetti;

Nous nous bornerons à faire observer :

1° Que les actes qui constatent des conventions réciproques doivent, à peine de nullité, être faits en autant

---

(1) Quand une des parties contractantes ne sait ni écrire ni signer, il est indispensable de faire un acte notarié. En effet, il est bon que l'on sache qu'une croix ne représentant ni paraphe, ni signature, n'a aucune valeur en justice, quand même la personne qui l'a apposée au bas d'un acte aurait l'habitude de signer ainsi.

(2) Un *acte authentique* est celui qui est rédigé, dans les formes légales, par un fonctionnaire public, ayant qualité pour le faire. Les avantages qu'il procure, c'est qu'il fait foi de ce qu'il contient et que l'original ou la minute reste en dépôt chez le fonctionnaire qui l'a reçu, de sorte que si les parties perdent la copie ou l'expédition qui leur a été délivrée, elles peuvent toujours s'en procurer une autre.

d'originaux qu'il y a de parties contractantes (art. 1325 du Code civil); il suffit d'un original pour toutes les parties ayant le même intérêt.

2° Que l'emploi du papier timbré n'est pas nécessaire à la validité de l'acte, mais qu'il est indispensable de s'en servir, pour éviter l'amende à laquelle on s'expose en écrivant une convention sur papier libre;

3° Que les actes doivent être rédigés sans ratures, blancs ou interlignes, afin qu'une des parties ne puisse rien y ajouter ou supprimer après les signatures.

Quand on a commis une erreur, ou quand on veut changer une phrase, on tire un trait sur les mots nuls, on écrit en marge les modifications que l'on désire et l'on approuve les ratures.

Les renvois mis en marge ne doivent pas nécessairement être signés, il suffit qu'ils soient paraphés, c'est-à-dire suivis des initiales des noms et prénoms, accompagnées des traits dont on fait suivre ordinairement sa signature.

4° Les sommes et les dates doivent toujours être indiquées en lettres, afin qu'on ne puisse pas facilement les modifier;

5° Enfin, il ne faut jamais énoncer dans les actes d'autres mesures que les mesures métriques, l'infraction à cette règle est punie d'une amende de 10 francs.

# FORMULAIRE

# D'ACTES USUELS

## SOUS-SEING PRIVÉ.

### N° 1.

### Abornement.

MODÈLE DE CONVENTION ET DE PROCÈS-VERBAL D'ABORNEMENT DE DEUX PROPRIÉTÉS CONTIGUËS.

Entre lès soussignés :

X....., propriétaire, demeurant à C....., et N....., propriétaire, demeurant au même lieu,

A été convenu et fait ce qui suit :

Les sieurs X..... et N...., sont propriétaires de deux parcelles de terre contiguës, situées sur le finage de....., lieudit à....., ayant pour voisins (*indiquer les voisins*). Ces deux propriétés ne sont pas limitées entre elles.

La propriété du sieur X..... devrait contenir, d'après son titre, 650 ares. Celle du sieur N....., 430, soit 1080 pour les deux parcelles réunies.

Les soussignés après s'être assurés qu'il existe un déficit de 25 ares sur l'ensemble des deux propriétés, sont convenus de le supporter en proportion de la contenance de leur propriété respective (1) et de les séparer par quatre bornes.

En conséquence, la parcelle du sieur X..... aura 635 ares; celle du sieur N...., 420.

---

(1) Si les parties désirent faire l'abornement d'après la possession actuelle, voici la formule qu'elles peuvent employer.

« Désirant procéder à l'abornement des dites propriétés sur les limites de la possession actuelle, les soussignés, ont, d'un commun accord, planté (*indiquer le nombre de bornes comme ci-dessus*). »

La longueur totale des deux propriétés est de...... La parcelle du sieur X..... aura, au levant, une largeur de....., et au couchant.....

Celle du sieur N...., aura une largeur de..... au levant, et au couchant de.....

Quatre bornes ont été plantées dans la longueur, savoir, la 1re à un mètre du bout au levant (*Il faut autant que possible indiquer un point de repère invariable d'après lequel on précise, la position de la première borne, afin de pouvoir la retrouver plus tard*).

La 2e à 10 mètres de la 1re, etc., etc.

Fait double à....., le.....

(*Signatures.*)

*Nota.* — Cet acte doit être enregistré et donne lieu à la perception d'un droit fixe de 3 francs, augmenté des décimes.

## N° 2.

### Autre modèle.

Si les parties, au lieu de faire l'abornement elles-mêmes, chargent un arpenteur de cette opération, voici l'acte qu'il convient de rédiger pour constater l'opération.

L'an mil huit cent soixante....., le.....,

Nous soussigné....., arpenteur géomètre, demeurant à Tremont, choisi d'un commun accord par les sieurs X..... et N....., pour procéder à l'arpentage et au bornage des deux propriétés contiguës qui leur appartiennent sur le finage de....., lieudit à....., entre (*indiquer les noms*); nous sommes transporté sur ces propriétés accompagné des parties et avons procédé ainsi qu'il suit : (*Indiquer les contenances de chaque propriété et le nombre de bornes plantées*, comme au modèle précédent.)

(S'il y a un déficit dans les contenances, indiquer si les parties le supportent par moitié, ou en proportion de l'étendue de leur propriété.)

On termine ainsi :

De tout quoi nous avons dressé le présent procès-verbal.

(*Signature de l'arpenteur.*)

**Approbation des propriétaires.**

Nous soussignés, X..... et N....., déclarons approuver le procès-verbal d'abornement qui précède et prendre l'engagement de nous y conformer.

(*Signatures des parties.*)

Cette approbation est indispensable pour que le procès-verbal de l'arpenteur devienne un titre obligatoire pour les parties intéressées.

*Nota.* — Enregistrement 3 francs plus les décimes.

## N° 3.

## Convention entre propriétaires d'une même contrée pour faire un abornement général de leurs propriétés (1).

Les soussignés, propriétaires fonciers de la commune de..., désirant procéder à la délimitation générale de toutes les parcelles de terre labourable, prés, vignes, vergers, terrains plantés, chènevières et friches qui leur appartiennent, situés sur le finage de...., lieudit à...., à l'exception toutefois des propriétés closes, ont fait avec M. X...., arpenteur-géomètre, demeurant à...., le traité dont la teneur suit :

Art. 1er. Les limites fixées par les bornes de chaînes, plantées au moment du cadastre et figurant sur le plan de l'administration, seront respectées et serviront de bases à l'abornement concurremment avec les chemins bornés, les haies et les fossés existant. Celles de ces bornes qui n'existeraient plus sur le terrain y seront rétablies d'après le plan cadastral, et serviront avec les autres signes certains et immuables à déterminer le périmètre dans lequel l'opération sera circonscrite.

Avant de commencer l'opération, l'arpenteur déterminera, d'après le procès-verbal de classement des chemins, la largeur de ceux qui ne seraient point bornés,

(1) Nous donnons les principales clauses qui peuvent être adoptées, mais il est bien entendu que les propriétaires peuvent les modifier ou y en ajouter d'autres.

et le maire de la commune de..... sera invité à faire fixer, le plus tôt possible, la largeur des chemins qui ne seraient pas classés.

Pour alléger certaines servitudes et pour faciliter les travaux de l'agriculture, on pourra supprimer d'anciens chemins devenus inutiles, en réduire la largeur et en établir de nouveaux dont l'assiette et la largeur seront fixées par la commission dont il va être parlé.

2. S'il était nécessaire de subdiviser en plusieurs sections la contrée de..... dont l'abornement est projeté, afin d'arriver plus facilement à cette opération et de déplacer le moins possible les différentes parcelles qui la composent, cette subdivision serait faite préalablement, en prenant, autant que faire se pourrait, des limites certaines et non contestées.

3. Dans tous les cas, on ne devra faire entrer dans la composition de chaque polygone que des parcelles de même nature et de même classe, ou tout au plus, en cas de nécessité, des parcelles de deux classes immédiatement voisines.

4. L'arpenteur devra éviter, autant que possible, le déplacement total des parcelles comprises dans le périmètre déterminé. Cependant, les soussignés s'engagent à approuver l'opération d'après laquelle tout déplacement partiel de quelques parcelles, reconnu inévitable par la commission dont il sera ci-après parlé, n'excéderait pas le *quart ou le tiers* de la largeur de ces parcelles.

5. Chaque propriétaire sera tenu de présenter ses titres de propriétés et rôles terriers au géomètre qui en fera le dépouillement.

6. Une commission composée du maire ou de son délégué qui présidera, et de quatre propriétaires, sera nommée par les propriétaires soussignés à la majorité relative des voix en un tour de scrutin.

7. Cette commission vérifiera en assemblée publique le dépouillement fait par l'arpenteur d'après les titres et les déclarations de chaque propriétaire; elle aura le droit d'exiger la communication de tous titres et renseignements, de se livrer à toutes recherches qu'il lui

conviendra pour éclairer sa religion. Elle jugera, comme arbitre amiable compositeur, sans être astreinte à aucune formalité, les différends qui s'élèveraient sur la validité et l'interprétation des titres, rôles terriers et documents produits par les propriétaires, sur les déclarations de contenance faites par chacun d'eux en l'absence des titres et en général sur toutes prétentions et réclamations relatives à l'opération; les décisions de la commission seront prises à la majorité, communiquées au géomètre qui devra s'y conformer et qui les relatera dans son procès-verbal d'opération.

8. Si les parties intéressées n'approuvent pas la décision de la commission, elles devront, dans la huitaine, s'adresser à la juridiction compétente, soit au juge de paix, soit au tribunal de première instance, pour faire juger la difficulté (1).

9. L'abornement aura lieu sous la direction de M. le juge de paix de...., d'après les contenances réclamées par les titres et par le plan cadastral, conformément au travail arrêté par la commission.

S'il existe, dans l'ensemble du périmètre, une contenance inférieure à celle résultant du total des contenances partielles, la différence sera répartie proportionnellement entre toutes les propriétés, conformément aux bases ci-dessus posées, sans que jamais il soit permis de toucher à la contenance d'une propriété enclavée dans le périmètre et qui serait limitée sur toutes ses faces par des haies, des fossés ou des bornes plantées à l'amiable ou judiciairement, pourvu que toutes ces limites aient au moins dix ans d'existence.

10. Quand l'arpentage sera terminé, le géomètre

---

(1) Si on préfère opérer la vérification des titres en particulier avec chaque propriétaire, il faut leur faire connaître à tous le résultat de ce travail avant de procéder à l'abornement. Dans ce cas, il conviendra de donner un délai de huit jours à toutes les parties intéressées pour prendre communication, à la mairie, de l'état dressé par la commission, et d'insérer dans la convention la clause suivante : « L'état des contenances établi par la commission demeurera, pendant huit jours, à la disposition des parties contractantes, à la mairie, et après ce délai, s'il ne survient pas de contestation, l'arpenteur pourra commencer l'opération. »

chargé de l'opération placera des piquets pour limiter chaque parcelle, les propriétaires intéressés seront invités à vérifier l'opération, et s'ils n'élèvent aucune contestation dans la huitaine, ils seront censés l'approuver; en conséquence les piquets seront remplacés par des bornes.

11. La commission passera une adjudication de la fourniture et de la plantation des bornes nécessaires à l'opération. La dépense sera acquittée par les propriétaires, en raison du nombre de bornes employées par chacun d'eux.

L'opération étant ainsi précisée, le sieur... (géomètre), s'engage à effectuer l'arpentage et l'abornement de toutes les parcelles ci-dessus désignées en se conformant aux conditions du présent traité, à fournir : 1° Un plan général de son opération où figureront toutes les parcelles, avec indication, pour chacune, des bornes qui en fixeront les limites, ainsi que leurs diverses largeurs ou longueurs; les routes, chemins vicinaux, chemins ruraux et sentiers qui sillonnent le territoire avec indication des bornes qui limitent ces chemins; 2° il fournira un état général de toutes les parcelles indiquant le numéro du cadastre, le nom du propriétaire, la contenance, les longueur et largeur de chacune; 3° un extrait de cet acte à chaque propriétaire pour les parcelles qui le concernent.

Il s'engage à terminer ce travail dans le délai de....., à partir de la remise des titres de tous les propriétaires. Afin de préciser cette époque, il devra déclarer à la commission le jour où le dernier titre lui aura été remis.

12. Tous les propriétaires soussignés s'engagent, sans aucune solidarité, à payer à M....., géomètre, comme indemnité (1) de tous les travaux ci-dessus spécifiés, 6 francs par hectare des propriétés délimitées, et 0,15 centimes par chaque borne plantée, plus les frais

(1) Cette indemnité variera suivant les localités et les difficultés que pourra présenter le terrain; quelquefois les arpenteurs se font payer en raison du nombre de parcelles et non pas d'après le nombre des bornes plantées.

occasionnés par la fourniture et la plantation des bornes, dans le cas où il les fournirait lui-même.

L'indemnité ci-dessus sera payable, savoir : un tiers après l'indication sur le terrain des points où devront être plantées les bornes sur moitié de l'étendue du territoire à limiter; un tiers après l'achèvement du travail sur le terrain; enfin, le dernier tiers aussitôt la délivrance des extraits aux propriétaires et la remise à la mairie du plan et de l'état général des propriétés limitées.

Fait double à....., le...

Il est convenu entre toutes les parties que le double de ce traité, appartenant aux propriétaires, restera confié à M. le maire de....., qui devra le communiquer aux parties intéressées et même leur permettre d'en faire une copie.

*Observation.* Cette convention peut être faite d'abord entre les propriétaires, sans la participation de l'arpenteur; puis, par une seconde convention, les propriétaires peuvent traiter avec l'arpenteur qui sera choisi.

Dans ce cas, le premier acte ne doit contenir que les clauses relatives aux obligations que les propriétaires entendent s'imposer. Le second pourra être ainsi conçu :

Entre les soussignés, propriétaires à....., d'une part;

Et X....., arpenteur-géomètre, demeurant à....., d'autre part;

A été convenu ce qui suit :

X....., après avoir pris connaissance de la convention intervenue le....., entre tous les propriétaires soussignés, s'engage à arpenter et à borner la contrée de...., dans le délai indiqué, et à fournir les plans et extraits précisés dans ladite convention, à laquelle il prend l'engagement de se conformer en tous points.

De leur côté, les propriétaires soussignés exécuteront envers le sieur X....., toutes les obligations qui les concernent et qui sont relatées dans l'acte dont il s'agit.

Fait double à...., le.....

Le double des propriétaires restera confié à M. le maire de.....

(Cet acte doit être enregistré et donne lieu au droit de trois francs, plus les décimes.)

## N° 4.

### Apprentissage (contrat d').

Entre les soussignés :

1° M. G...., (nom, prénoms, âge, profession et domicile du maître), d'une part;

2° M. D...., (nom, prénoms, âge, profession et domicile du père, de la mère de l'apprenti, ou de son tuteur), d'autre part;

A été dit et convenu ce qui suit :

M. G...., sur la proposition de M. D...., père, prend en apprentissage le mineur D...., pour ... années entières et consécutives, à compter de ce jour, s'obligeant, pendant ce temps, à lui enseigner de son mieux l'état de...., ainsi que les méthodes pratiques et procédés mis en usage dans son établissement pour la fabrication de.....

M. G....., s'engage, en outre, à loger, nourrir, chauffer, éclairer et blanchir le mineur D...., d'une manière convenable, durant les dites années.

De son côté, le mineur D...., avec l'autorisation de D...., son père, s'oblige à apprendre de son mieux tout ce qui lui sera enseigné par M. G....., à exécuter fidèlement tout ce qui lui sera commandé par ce dernier de licite et d'honnête, à travailler pendant les..... années ci-dessus fixées pour la durée de son apprentissage, au profit de M. G....., en évitant, autant que possible, de lui causer aucun dommage.

Si le mineur D....., faisait pendant le cours de son apprentissage, des absences dont la durée excéderait un mois, il serait tenu de rester chez M. G....., à l'expiration du temps fixé, un temps égal à celui de ses absences.

Si le mineur D..... quittait sans motif sérieux le sieur G...., avant l'expiration de son apprentissage, le sieur D...., père, devrait payer à titre d'indemnité au sieur G...., une somme de..., en outre des termes échus de la pension de son fils.

Le présent contrat d'apprentissage est fait moyennant la somme de.... francs que M. D...., père, s'engage à payer de la manière suivante : (indiquer comment la somme convenue sera payée, par trimestre, ou par semestre).

Fait double à Bar-le-Duc, le....

(*Signatures.*)

*Nota.* — La somme payée pour un apprentissage ne représente ordinairement que la pension de l'apprenti, parce que, dans la seconde année et en général, dans les derniers temps de son apprentissage, il indemnise son patron, par son travail, de la peine que celui-ci a eue pour l'instruire.

Cet acte doit être enregistré au droit de 1 fr. 50, plus les décimes.

## N° 5.

## Bail d'un hôtel (1).

Entre les soussignés :

M.........., d'une part;

Et N......., d'autre part;

A été convenu ce qui suit,

M... loue pour neuf années consécutives, qui commenceront à courir le 1er avril prochain, pour finir à pareil jour de l'année 187..,

A N..., tenant hôtel garni, et à Mme..., son épouse, qu'il autorise à l'effet des présentes, demeurant ensemble à.....

Une maison entière, située à Paris, rue....., n°.....

Cette maison est composée d'un principal corps de logis sur la rue, d'une cour derrière, etc., etc.

Sans qu'il soit besoin d'une désignation plus détaillée, les preneurs déclarant connaître parfaitement la maison pour l'avoir vue et visitée.

Le présent bail est fait aux charges, clauses et conditions suivantes :

Les preneurs s'obligent :

---

(1) Tout bail verbal ou écrit, doit être enregistré dans le délai de *trois mois*, à peine d'une amende qui ne peut être inférieure à 50 francs (Voir explication de la loi du 23 août 1871 sur les droits d'enregistrement, par le même auteur).

1° A entretenir la maison et ses dépendances en bon état de réparations locatives et à les rendre à l'expiration du présent bail, conformes à l'état qui en sera fait à leurs frais; en conséquence ils ne pourront faire aucun changement de distribution des appartements, sans le consentement du propriétaire.

2° A acquitter exactement les contributions (1) et toutes les charges de ville et de police, dont les locataires sont ordinairement tenus.

3° A ne pas sous-louer ni céder leur droit au présent bail, sans le consentement exprès et par écrit du bailleur.

4° Les preneurs seront chargés de faire curer le puits de la maison et vider les fosses d'aisances, quand il y aura lieu, le tout à leurs frais et sans diminution de leur loyer ci-dessous fixé (2).

Ce bail est, en outre, fait moyennant la somme de......, de loyer annuel, que M. et M^me......., s'obligent solidairement à payer au bailleur, en sa demeure à......., en quatre termes égaux, de trois mois en trois mois, aux époques ordinaires de l'année, en sorte que le premier terme devra être payé le 1^er janvier prochain, le second, le 1^er avril suivant; pour continuer ainsi de trois mois en trois mois, jusqu'à la fin du présent bail.

Il est, en outre, convenu :

Que le preneur paiera, en sus de son loyer, les gages du portier de ladite maison, fixés à...... par an. Ce paiement aura lieu par quart, aux mêmes époques que les loyers. Néanmoins, le portier sera toujours nommé par le bailleur et ne pourra être changé que par lui.

M....., reconnaît que M. et M^me..... lui ont, à l'instant, payé la somme de......, pour une année d'avance de leur loyer, imputable sur la dernière année de jouissance du présent bail, de manière que l'ordre ci-devant établi

---

(1) La contribution des portes et fenêtres est à la charge du locataire, à moins qu'il n'en soit autrement convenu.

(2) Quand on ne met pas cette obligation à la charge du locataire, elle reste, aux termes de la loi, à la charge du propriétaire.

pour le paiement des loyers ne soit point interverti.

Dont quittance.

Fait double à....., le... *(Signatures.)*

Cet acte doit être enregistré, et donne lieu au droit de 0,20 pour cent sur toutes les années cumulées.

## N° 6.

## **Etat de lieux.**

L'an mil huit cent....., le.....

Nous soussigné....., architecte à Bar-le-Duc, expert choisi à l'amiable par les parties, avons commencé aujourd'hui, à neuf heures du matin, l'état de lieux d'une maison sise à....., louée à M....., marchand, demeurant à....., par M....., ancien négociant, qui en est propriétaire.

### CAVES.

*Caves sous le bâtiment de devant.*

Deux fortes lézardes existent dans le mur de gauche de la descente de cave.

Les marches sont vieilles et réparées en bitume et en bois sur les arêtes qui sont émoussées et écornées.

La trappe est vieille, mais en assez bon état.

Le commencement de la voûte, près de la descente, étant en mauvais état, se trouve étayé au moyen de trois poteaux en fer.

Les deux soupiraux sont garnis de grilles en fer.

Le petit caveau est en assez bon état, sauf une forte lézarde dans le jambage gauche de la baie de porte d'entrée.

### COUR.

Le pavé est en assez bon état.

### MAGASIN PRINCIPAL.

Il occupe toute la superficie de la maison, depuis la rue jusqu'à la cour; la devanture était tellement mauvaise, que les locataires en ont fait établir une neuve.

Le parquet est vieux et en assez mauvais état.

Le plafond est en bon état.

La porte sur la cour est vieille et en mauvais état.

Les deux fenêtres donnant sur la cour sont vieilles et ferrées avec des espagnolettes en bois.

Le trumeau est garni d'une glace en deux morceaux, fortement tachés et avec encadrement en bois peint.

La boiserie au bas des fenêtres est vieille.

La façade sur la rue est en assez bon état.

Celle sur la cour est vieille, etc. etc.

CUISINE.

Le sol est carrelé en carreaux de terre cuite en mauvais état.

L'évier est en assez bon état, seulement les arêtes sont écornées.

La pompe est en bon état, sauf les soupapes qui laissent échapper l'eau.

Les fourneaux près de l'évier sont en assez bon état, ils sont garnis de trois réchauds.

Fait et dressé en double expédition par l'architecte soussigné, les jour, mois et an susdits.

*Nota.* — Le modèle qui précède, extrait d'un état de lieux très-complet, suffit pour donner une idée de la forme dans laquelle cet acte doit être rédigé.

Cet acte doit être enregistré et donne lieu au droit fixe de 3 fr., plus les décimes.

## N° 8.

### Bail d'un corps de ferme.

Entre les soussignés :

M. et Mme X....., d'une part;
M. et Mme P....., d'autre part,

A été convenu ce qui suit :

M. et Mme X....., louent pour dix-huit années consécutives, qui commenceront au 11 novembre prochain,

A M. et Mme P....., la ferme de X....., située commune de X.....

Cette ferme consiste en bâtiments d'habitation et d'exploitation, écurie, etc., etc.

Le tout clos de mur en bon état, et plus amplement détaillé en l'état des lieux ci-annexé.

1° Les bailleurs ne garantissent pas les contenances indiquées au rôle terrier remis aux fermiers; la différence qui pourrait exister en plus ou en moins, tournera au profit ou à la perte de ces derniers.

2° Les preneurs seront tenus d'habiter la ferme avec leur famille et leurs domestiques. Ils la garniront de meubles, d'effets mobiliers, de chevaux et d'instruments aratoires en suffisante quantité et valeur, pour répondre des fermages et de l'entière exécution du présent bail.

3° Ils souffriront toutes les grosses réparations et constructions qui deviendraient nécessaires aux bâtiments, sans pouvoir prétendre à aucune indemnité ou diminution de fermages, quelle que soit la durée des travaux.

4° Ils seront tenus de cultiver et ensemencer les terres suivant l'assolement existant. Ils devront faire consumer et convertir en fumier pour les répandre sur les terres de la ferme, toutes les pailles en provenant.

5° Les preneurs devront laisser dans la ferme, lors de leur sortie, toutes les pailles et fumiers en provenant (Dire si les fermiers devront laisser les pailles de la récolte à faire après leur sortie).

6° Ils devront curer tous les fossés dépendant de la ferme.

7° Ils ne pourront demander aucune diminution de prix pour cause de grêle, gelée, inondation, stérilité, invasion, ni pour aucun autre événement imprévu.

8° Les bailleurs se réservent expressément le droit de chasse, qui sera interdit au fermier sur toutes les terres dépendant de la ferme (1).

9° Les preneurs ne pourront pas sous-louer ni céder leur droit au présent bail, en tout ou partie, sans le consentement exprès et par écrit des bailleurs.

---

(1) Le droit de chasse appartient au propriétaire et non au fermier, cependant pour éviter toute difficulté, il est prudent de le stipuler.

10° Les preneurs paieront, à compter du 1er janvier prochain, toutes les contributions foncières, celles des portes et fenêtres et autres, ordinaires et extraordinaires, et toutes autres charges de quelque nature qu'elles soient, et sous quelque dénomination qu'elles puissent être établies, qui pourraient être imposées sur ladite ferme pendant la durée du bail (1).

Le présent bail est fait, en outre, moyennant.... francs de fermage annuel, que N....., s'oblige à payer à M. et Mme X........., en leur demeure et en un seul paiement, qui écherra le onze novembre de l'année.....

A défaut de paiement d'une seule année échue, et huit jours après un commandement fait au preneur, le propriétaire pourra demander la résiliation du présent bail, sans que le payement offert tardivement puisse annuler les effets de la demande (2).

Fait double à....., le.....

Cet acte doit être enregistré et donne lieu au droit de 0, 20 pour cent.

## N° 9.

## Bail à cheptel.

Entre les soussignés :

M....., d'une part;

Et N....., d'autre part;

A été convenu ce qui suit :

M......... donne à cheptel simple pour X.......... années consécutives, qui commenceront à courir le......

A N..... qui l'accepte,

Un fonds de bétail, composé de (détailler et préciser les animaux loués, indiquer leur robe et leur âge, et la valeur de chaque bête).

---

(1) A défaut de convention sur ce point, la contribution foncière est à la charge du propriétaire; celle des portes et fenêtres est à la charge du fermier.

(2) Toutes les clauses que nous indiquons ici, comme dans les autres modèles, sont données comme exemple pour attirer l'attention des parties sur ce qu'elles peuvent faire.

Le preneur s'engage à soigner et nourrir convenablement les animaux qui lui sont confiés; la laine et le croît se partageront par moitié entre le propriétaire et le fermier.

Le preneur ne répondra pas de la perte des animaux arrivée par cas fortuit, force majeure, ou par suite d'une épizootie, mais il rendra les peaux des bêtes mortes de ces diverses causes.

Les pertes arrivées par des causes ordinaires seront supportées par moitié.

Le preneur ne pourra tondre sans prévenir le bailleur.

A l'expiration du bail, il sera fait une nouvelle estimation du cheptel par trois experts choisis par les parties.

Le bailleur prélèvera des bêtes de chaque espèce, à son choix, jusqu'à concurrence de la première estimation donnée au cheptel; l'excédant sera partagé par moitié entre les parties.

S'il n'existe pas assez de bêtes pour remplir la première estimation, le bailleur prendra ce qui en restera, et le preneur devra lui payer, dans le délai de.........., la moitié de la perte.

Fait double à....., le.....

*Nota.* Ce bail doit être enregistré et donne lieu au droit de 0 fr. 20 pour cent.

## N° 10.

### Bail d'une chambre ou d'un appartement.

Entre les soussignés :

N....., propriétaire demeurant à....., d'une part,

Et P....., demeurant à....., d'autre part;

A été convenu ce qui suit :

N........, propriétaire, loue à P............., un appartement au premier étage d'une maison située rue du......, n°....., composé de..... (indiquer le nombre de pièces);

Une cave sous la maison prenant entrée dans........., la jouissance de la pompe qui se trouve dans la cour.

Ce bail est fait pour trois, six ou neuf années à dater du 25 décembre prochain, à la volonté de chacune des parties, aux conditions suivantes :

1° Celle des parties qui voudra faire cesser le bail à l'expiration de l'une des deux premières périodes, devra en prévenir l'autre trois mois d'avance; à défaut de cet avertissement, le bail continuera pour l'autre période.

Le preneur s'engage à entretenir l'appartement à lui loué en bon état de réparations locatives, conformément à l'état ci-joint dressé d'accord entre les parties.

Il ne pourra ni sous-louer, ni céder son bail, ni faire aucun changement dans la distribution de l'appartement sans le consentement par écrit du propriétaire.

Le prix du bail est fixé à 400 francs, payable par semestre, le 25 juin et le 25 décembre de chaque année, au domicile du propriétaire.

A défaut de paiement d'un terme échu, le bailleur pourra demander la résiliation du bail, quinze jours après l'échéance, sans être obligé de faire constater ce retard par un acte quelconque.

Le locataire paiera en outre les contributions des portes et fenêtres de son appartement.

Pendant la durée du bail, le locataire ne pourra exiger du propriétaire aucunes réparations telles que blanchiment, remplacement de papier, autres que celles qui deviendraient indispensables par vétusté ou force majeure et sans aucune faute de sa part.

Fait double à....., le.....

*Nota.* Cet acte doit être enregistré et donne lieu au droit de 0 fr. 20 pour cent.

## N° 11.

## Bail d'un jardin.

Entre les soussignés.....

A....., propriétaire demeurant à B....., et C....., employé au même lieu,

- A été dit et convenu ce qui suit :

Le sieur A..... laisse à titre de bail au sieur C.....,

acceptant pour (*nombre d'années*) qui commenceront à courir le....., un jardin de la contenance de....., entouré d'une palissade, situé sur le finage de N...., ayant pour voisins....., dans lequel se trouve une maisonnette en planches.

Ce bail est fait aux charges et conditions suivantes :

Le preneur entretiendra la maisonnette et la palissade dans un bon état de propreté, et y fera les réparations qui deviendront nécessaires.

Il devra fumer le jardin tous les ans, et le cultiver convenablement de manière à le rendre, à la fin du bail, en bon état de culture, comme il est aujourd'hui.

Il entretiendra également les allées en état de propreté.

Il existe aujourd'hui (*indiquer le nombre d'arbres et leur nature*); s'il venait à en manquer quelques-uns, par quelque cause que ce fût, il serait tenu de les faire remplacer à ses frais, de manière à rendre le même nombre d'arbres à l'expiration du bail.

Ce bail est fait en outre moyennant un loyer annuel de....., payable le 11 novembre de chaque année, au domicile du propriétaire, à B.....

Fait double à B....., le.....

(*Signatures.*)

Cet acte doit être enregistré et donne lieu à un droit de 0 fr. 20 pour cent.

## N° 12.

## Bail de chasse.

Le sieur N...., propriétaire à...., loue au sieur P...., négociant à Bar....., le droit de chasser avec un ami sur toutes ses propriétés, en nature de terres, vignes, prés et bois, situées au finage de....., pendant six ans, à charge de se conformer aux lois et règlements sur la chasse et en outre aux conditions suivantes :

1° le sieur P..... n'aura le droit de chasser qu'après l'enlèvement des récoltes existant sur les propriétés sus-désignées, à peine de dommages intérêts et de résiliation du présent bail.

Cette défense ne concerne pas les terres simplement ensemencées, tant que le passage sur la récolte ne peut causer aucun dommage.

Ce bail est consenti moyennant une somme de....., payable tous les ans le premier septembre au sieur N.., en son domicile.

Le sieur P..... ne pourra céder son droit à personne, sans le consentement par écrit du propriétaire.

Ce dernier se réserve le droit de chasser deux fois par mois, sur les propriétés qui font l'objet du présent bail (ou s'interdit le droit, etc.).

Fait double à.....

Cet acte doit être enregistré et donne lieu au droit de 0 fr. 20 pour cent.

## N° 13.

### Cession de bail.

Entre les soussignés,

M....., demeurant à....., locataire en vertu d'un bail sous-seing privé, en date du....., enregistré, d'une maison appartenant à B....., sise à D....., rue....., n°...., d'une part;

Et O....., demeurant à..... d'autre part;

A été convenu ce qui suit, savoir :

M....., cède à O....., présent et acceptant, pour le temps qui reste à courir à compter du....., son droit au bail qui lui a été consenti par ledit sieur B....., pour trois, six ou neuf années, moyennant (*énoncer le prix.*)

Cette cession est faite, à la charge par le cessionnaire qui s'y oblige, 1° de remplir toutes les clauses et conditions dudit bail, de telle sorte que le cédant ne soit aucunement inquiété à ce sujet. Cette cession a été autorisée par écrit par le sieur B....., ce dont il a été justifié au cessionnaire.

Fait double à B....., le.....

(*Signatures.*)

*Nota.* Cet acte doit être enregistré comme si c'était un

nouveau bail, et donne lieu au droit de 0 fr. 20 pour cent sur le temps qui reste à courir.

## N° 14.

### Continuation de bail.

Entre les soussignés :

M.....

Et P.....

A été convenu que le bail sous-seing privé d'un appartement composé de..... pièces, fait entre nous le...., enregistré le....., et qui doit expirer le..... continuera pour le même temps et aux mêmes conditions que celles qui y sont exprimées.

Fait double à B....., le.....

(*Signatures.*)

Cet acte doit être enregistré dans trois mois de sa date, et donne lieu à un droit de 0 fr. 20 pour cent.

## N° 15.

### Résiliation de bail.

Si la résiliation a lieu sans condition, il suffit d'écrire sur les deux doubles, la mention suivante :

Les parties dénommées au présent bail, sont convenues de le résilier à dater du....; en conséquence, M....., locataire, rendra les lieux loués à la disposition du propriétaire, à cette époque, en bon état de réparations.

Fait double à....., le.....

## N° 16.

### Modèle de résiliation par acte séparé.

Entre les soussignés, a été exposé et convenu ce qui suit :

M. X....., propriétaire demeurant à....., a loué à M. N....., un appartement au premier dans une maison située rue....., N°...., pour trois, six ou neuf années qui ont commencé le....., pour finir à pareille époque de l'année 187..... Cette convention a été constatée par un acte sous-seing privé en date du....., enregistré à Bar-le-Duc le.....

Les parties, désirant faire cesser le bail avant l'époque fixée, ont consenti à le résilier à dater du....., moyennant une indemnité de....., que M. X....., paiera (ou sans indemnité de part et d'autre).

En conséquence, M. N....., locataire, rendra l'appartement dont il s'agit, à cette époque, en bon état de réparations locatives, et justifiera à M. X....., de l'acquit des contributions qui étaient à sa charge (1)....

B....., le.....

(*Signatures.*)

## N° 17.

### Congé donné par le propriétaire ou par le locataire.

Je soussigné....., propriétaire demeurant à.....,

Donne congé à M....., de ma maison qu'il habite à titre de locataire, pour le..... prochain.

(*Signature.*)

Ce congé doit être accepté pour être valable.

Si le locataire refuse de l'accepter, il faut le lui faire signifier par huissier.

Les délais pour donner congé varient suivant les localités, c'est pourquoi nous ne les indiquons pas (2).

## N° 18.

### Acceptation de congé par le locataire.

Je soussigné........., locataire d'une maison appartenant à M....., négociant demeurant à....., déclare ac-

(1) Les propriétaires sont responsables des contributions des portes et fenêtres pour le cas où les locataires ne paieraient pas. Aussi doivent-ils s'assurer que ceux-ci ont payé leurs contributions avant de quitter le logement qu'ils occupent. Le propriétaire peut s'affranchir de cette formalité en prévenant le percepteur avant le déménagement de son locataire.

(2) Voir notre *Traité élémentaire de Droit français.*

cepter le congé qu'il m'a donné pour le premier avril prochain, de l'appartement que j'occupe dans sa maison.

(*Signature.*)

*Nota.* Si c'est le locataire qui donne congé, il devra de même obtenir le consentement du propriétaire, ou bien faire signifier le congé par huissier.

## N° 19.

## Billet simple (1).

Je soussigné, M....., reconnais devoir et promets payer

---

(1) Le billet simple, comme le billet à ordre et tous les effets de commerce, doit être écrit sur une feuille de papier timbré au timbre proportionnel, conformément au tarif suivant fixé par la loi du 19 février 1874.

Il ne suffit pas d'employer du timbre à 0 fr. 60 et 1 fr. 20 quand la somme due exige l'emploi d'un timbre plus élevé. Le timbre pour billet est fixé ainsi qu'il suit :

| | | |
|---|---|---|
| Pour un billet de 100 f. et au-dessous, il faut un timbre de | 0 f. | 15 |
| De 100 à 200 | 0 | 30 |
| De 200 à 300 | 0 | 45 |
| De 300 à 400 | 0 | 60 |
| De 400 à 500 | 0 | 75 |
| De 500 à 600 | 0 | 90 |
| De 600 à 700 | 1 | 05 |
| De 700 à 800 | 1 | 20 |
| De 800 à 900 | 1 | 35 |
| De 900 à 1000 | 1 | 50 |
| De 1000 à 2000 | 3 | » |
| De 2000 à 3000 | 4 | 50 |
| De 3000 à 4000 | 6 | » |
| De 4000 à 5000 | 7 | 50 |
| De 5000 à 6000 | 9 | » |
| De 6000 à 7000 | 10 | 50 |
| De 7000 à 8000 | 12 | » |
| De 8000 à 9000 | 13 | 30 |
| De 9000 à 10000 | 15 | » |

Celui qui reçoit un effet non timbré est tenu de le faire timbrer dans les quinze jours de sa date, et dans tous les cas avant toute négociation.

En cas de contravention, le souscripteur, l'accepteur et le premier endosseur ou bénéficiaire sont passibles chacun d'une amende de six pour cent.

Le porteur d'un effet sujet au timbre et non timbré ne peut en réclamer le montant qu'au souscripteur, il n'a aucun droit contre les endosseurs.

à M. M....., dans le délai de....., la somme de mille francs qu'il m'a prêtée, ou valeur reçue en marchandises (*il faut avoir soin d'exprimer la cause de l'obligation, c'est une condition de sa validité*), avec intérêts à cinq (ou six) pour cent à dater du..... (1), jusqu'à remboursement.

Bordeaux, le.....

BON POUR MILLE FRANCS (2).

(*Signature.*)

## N° 20.

### Autre modèle, souscrit par deux débiteurs solidaires (3).

Nous soussignés, N..... et P....., reconnaissons devoir et promettons payer solidairement entre nous à M. X....., dans le délai de...., en son domicile à....., la somme de cinq mille francs, qu'il nous a prêtée (ou valeur reçue en marchandises, etc., etc.), avec intérêts à cinq ou six pour cent, à dater du..... jusqu'au remboursement.

Paris, le.....

BON POUR CINQ MILLE FRANCS.

(*Signature.*)

BON POUR CINQ MILLE FRANCS.

(*Signature.*)

---

(1) L'intérêt ne peut excéder cinq pour cent en matière civile, et six pour cent en matière de commerce.

Celui qui exige un intérêt plus élevé s'expose à être condamné à restituer ce qu'il a perçu au delà de l'intérêt légal, et en outre à une amende et quelquefois même à l'emprisonnement.

(2) Le billet simple, le billet à ordre, la lettre de change, ou toute autre reconnaissance de somme ou valeur souscrite par d'autres que les commerçants, artisans, laboureurs, vignerons, gens de journée ou de service, doit être écrit en entier de la main du débiteur, ou la signature doit être précédée des mots « *Bon pour* » suivis de la somme en toutes lettres, écrite en entier de la main du souscripteur.

(3) La solidarité permet d'exiger la totalité de la dette d'un seul des débiteurs. Sans cette mention, chaque débiteur n'en doit que sa part au créancier.

## N° 21.

### Billet avec caution.

Je soussigné, N...., reconnais devoir à M. D..... la somme de..... pour (*exprimer la cause*), laquelle somme je m'engage à lui rembourser en un seul paiement, dans trois mois de ce jour, avec intérêts à raison de cinq pour cent par an (ou sans intérêts), en son domicile.

Bon pour......

(*Signature.*)

Je soussigné..... déclare m'obliger comme caution solidaire du sieur N....., à rembourser au sieur D....., la somme de....., avec les intérêts dus, dans le cas où le sieur N..... n'effectuerait pas ce paiement à l'époque fixée.

A B......

Bon pour.....

(*Signature.*)

## N° 22.

### Billet au porteur.

Je soussigné, paierai au porteur la somme de..... francs, valeur reçue en marchandises ou en espèces.

Bon pour la somme de.....

Paris, le.....

(*Signature.*)

## N° 23.

### Billet à ordre.

Paris, le..... *B. P. F.*

Au..... prochain, je paierai à M..... ou à son ordre, la somme de..... francs, valeur reçue en marchandises.

Bon pour.....

(*Signature.*)

## N° 24.

### Formule d'endossement.

Payez à l'ordre de M..... valeur reçue, en espèces, ou en marchandises, ou en compte.....

Bar-le-Duc, le.....

(*Signature.*)

*Nota.* — L'endossement doit exprimer la valeur reçue et être daté, sans quoi il ne transfère pas la propriété du billet.

## N° 25.

### Billet à domicile.

Paris, le..... *B. P. F.*

Au..... prochain, je paierai à M..... ou à son ordre, la somme de..... francs, valeur reçue en marchandises ou en espèces.

Au domicile de D....., à Besançon.

Bon pour.....

(*Signature.*)

## N° 26.

### Traite ou Mandat.

*B. P. F.*

Paris, le.....

Au..... prochain, il vous plaira payer contre ce présent mandat à M..... ou à son ordre, la somme de..... francs, valeur en compte (*ou en marchandises*), que passerez suivant (*ou sans autre avis*) de..... à M. J....., fabricant.

Bon pour.....

A Bordeaux. (*Signature.*)

## N° 27.

### Lettre de crédit.

B...., le.....

Monsieur,

Veuillez accorder à M. N....., négociant à Bordeaux, qui se rend à Paris pour affaires, un crédit de dix mille francs, que vous pourrez lui verser par fractions ou en une seule fois, comme il le désirera, sur son simple reçu, et dont vous débiterez notre compte.

Agréez, etc., etc.

(*Signature.*)

## N° 28.

### Lettre de change à jour fixe.

PARIS, le..... *B. P. F.* 1000.

Au....., il vous plaira payer à P..... ou à son ordre, la somme de mille francs, valeur reçue en marchandises, sans autre avis de..... (ou suivant avis de.....)

BON POUR MILLE FRANCS.

(*Signature.*)

A M. D.....
*Banquier à Dijon* (Côte-d'Or).

*Nota.* — Tous les billets et effets de commerce, quand on est obligé de les faire enregistrer, sont passibles d'un droit de 0,50 p. 0/0.

## N° 29.

### **Chasse** (Demande afin d'obtenir un permis de).

*A Monsieur le Préfet du département de.....*

Le sieur........, propriétaire demeurant à....., prie Monsieur le Préfet, de vouloir bien lui délivrer un permis de chasse.

Il a l'honneur d'être,
avec un profond respect,
de Monsieur le Préfet,
le très-humble et très-dévoué serviteur.

(*Signature.*)

On écrit cette demande sur une feuille de timbre à 0,60 c. On la dépose avec la quittance du percepteur à la mairie de sa commune, afin d'obtenir l'avis du Maire, conformément à l'art. 5 de la loi du 3 mai 1844. — Le pétitionnaire doit y joindre également son signalement.

## N° 30.

## Commissionnaire de transports (1).

REQUÊTE AU PRÉSIDENT DU TRIBUNAL DE COMMERCE OU AU JUGE DE PAIX, AFIN DE FAIRE NOMMER UN EXPERT POUR CONSTATER L'ÉTAT DE LA MARCHANDISE REFUSÉE (2).

*A M. le Président du tribunal de commerce de.....*

Le sieur... a l'honneur d'exposer : qu'il vient de lui être présenté (*indiquer la nature des marchandises*). expédiée à son adresse par le sieur X....., de Paris ;

Que cette marchandise n'est pas conforme à la commande qu'il a faite, et qu'il lui est impossible de la recevoir ;

C'est pourquoi il vous prie, Monsieur le Président, de vouloir bien nommer un expert conformément à l'art. 106 du Code de commerce, pour constater l'état de cette marchandise, sous la réserve des droits des parties.

(*Signature.*)

*Nota.* — L'expert devra prêter serment avant de commencer son opération. Il constatera l'état de la marchandise contradictoirement avec le voiturier qui sera appelé à l'amiable, ou par sommation, en cas de refus de comparaître. Il dressera de son opération un procès-verbal qu'il déposera au greffe du tribunal de commerce.

Cette expertise n'a d'autre résultat que de sauvegarder la responsabilité du voiturier et du destinataire, qui s'exposeraient l'un et l'autre, en conservant la marchandise refusée,

---

(1) Nous donnons ce modèle pour les personnes éloignées des villes où il y a un tribunal et des hommes d'affaires; mais ceux qui auront un conseil à leur portée et qui auront le temps de le consulter, feront toujours bien de prendre son avis pour ne pas compromettre leurs droits.

(2) Dans les localités où il n'y a pas de tribunal de commerce, on peut s'adresser au juge de paix pour faire nommer un expert.

sans en faire constater l'état. Mais elle ne sera pas opposable au vendeur qui conservera tous ses droits, pour prouver que la marchandise refusée est conforme à la commande, ou qu'elle est avariée par la faute du voiturier.

Cette requête doit être enregistrée et donne lieu au droit fixe de 4 fr. 50, plus les décimes.

## N° 31.

### Procès-verbal de l'expert.

L'an mil huit cent....., le......, à..... heure du.....

Nous soussigné (*nom, prénoms, profession, demeure de l'expert*) nommé par le Président du tribunal de commerce, en vertu de son ordonnance en date du....., enregistrée....., mise au bas d'une requête à lui présentée le même jour, après avoir prêté serment entre ses mains de bien et fidèlement remplir la mission qui nous est confiée, nous sommes transporté au domicile de M..... (*nom, prénoms, profession*), demeurant à....., lequel nous a représenté les sucres dont nous sommes chargé de constater l'état;

Nous avons procédé à l'examen de cette marchandise en présence du sieur B....., voiturier qui l'a transportée, ou en l'absence du sieur B..... qui n'a pas comparu malgré la sommation qui lui a été faite d'être présent à notre opération, suivant exploit de....., huissier à......, en date du....., et avons reconnu les causes de l'avarie (*indiquer sa nature, et autant que possible dire si elle peut être le résultat de la négligence du voiturier pendant le transport, ou provenir de force majeure*).

En foi de quoi nous avons dressé le présent procès-verbal pour valoir ce que de raison.

Et avons, après lecture, signé avec le dit sieur.......

(*Signatures.*)

Cet acte doit être enregistré, et donne lieu au droit fixe de 3 fr., plus les décimes. Il doit être déposé au greffe du tribunal de commerce.

## N° 32.

## Formule d'échange.

Entre le sieur Pierre, propriétaire, demeurant à..., d'une part;

Et le sieur Paul, propriétaire, demeurant au même lieu, d'autre part;

Ont été faits les échanges qui suivent :

Le sieur Pierre cède à titre d'échange au sieur Paul,

Une pièce de terre située à (*indiquer le finage*), commune de..., ayant pour voisins M..... d'une part, et M..... d'autre part; portant le n°... du plan cadastral, contenant 25 ares 15 centiares;

Et en contre-échange, le sieur Paul cède au sieur Pierre :

Une pièce de terre située à..., commune de..., ayant pour voisins..., portant le n°..., contenant 26 ares (1).

Tels que ces immeubles consistent, mais sans aucune garantie de la mesure exprimée, dont le plus ou le moins sera au profit ou à la perte de chacun des échangistes, le plus ou le moins excédât-il un vingtième (2).

*Etablissement de propriété* (3).

La terre donnée en échange par M. Pierre lui appartient (*comme l'ayant recueillie dans la succession de son père, ou comme l'ayant acquise du sieur..., le...*); la terre donnée en échange par le sieur Paul lui provient, etc.

*Jouissance.*

Les échangistes jouiront et disposeront des biens par

---

(1) La contenance doit être précisée en ares; l'indication de toute autre mesure donnerait lieu à une amende.

(2) Il est prudent de ne pas garantir la mesure afin d'éviter des difficultés. Cependant, quand la quantité pourra être précisée facilement, il sera préférable de l'indiquer et de se faire respectivement état du plus ou du moins de contenance qui pourrait exister.

(3) Rarement dans les actes S.-S. P., on établit l'origine de la propriété : c'est une négligence qui peut faire naître des embarras; on fera donc bien d'indiquer exactement l'origine des propriétés échangées, en remontant, si c'est possible, à trente ans.

eux reçus en échange, à dater de... (*si les biens sont loués, il faut indiquer à quelle époque finira le bail et dire clairement qui profitera du loyer*).

Les parties se garantissent réciproquement contre tous troubles, évictions et hypothèques.

Elles paieront réciproquement, à dater du..., les contributions auxquelles les biens sont assujettis.

Elles exécuteront pendant toute leur durée les baux existant.

En cas d'éviction ou de trouble dans la jouissance, l'échangiste troublé aura le droit de reprendre immédiatement l'immeuble par lui donné, même entre les mains des tiers détenteurs auxquels il aurait été transmis.

Chacune des parties sera libre de faire transcrire le présent contrat au bureau des hypothèques, et de purger à ses frais les hypothèques légales dont l'immeuble par lui acquis peut être grevé.

S'il existe des inscriptions ou s'il en survient par suite de la purge sur les immeubles qui font l'objet du présent échange, celle des parties, du chef de laquelle ces inscriptions proviendront, devra en rapporter main-levée à l'autre dans un délai de...

En cas d'inexécution de cet engagement, l'échange sera résolu, et l'autre partie sera libre de reprendre son immeuble comme il est dit ci-dessus, même entre les mains des tiers détenteurs.

Les frais ordinaires de transcription seront à la charge de celle des parties qui aura rempli cette formalité; mais les frais de l'état des inscriptions, seront à la charge de la partie du chef de laquelle les inscriptions existeront.

Les frais de timbre, d'enregistrement et autres auxquels le présent échange donnera lieu, seront payés par moitié par chacune des parties.

*Remise de titres.*

Les parties se sont fait remise des titres qui étaient en leur possession, savoir : le sieur Paul a remis au sieur Pierre, etc., etc...

Le présent échange est fait sans soulte ni retour de part et d'autre.

(*Si l'échange est fait avec soulte, on dira :*)

Le présent échange est fait moyennant une soulte de 500 fr., que le sieur Pierre s'oblige à payer au sieur Paul, dans le délai de..., avec intérêt à 5 pour cent jusqu'à parfait paiement. Et jusqu'à ce moment, l'immeuble cédé par le sieur Paul restera grevé en totalité du privilége accordé par la loi au vendeur.

Cet acte doit être enregistré et donne lieu au droit de 2 fr. 50 pour cent.

## N° 33.

## Louage de services.

ENGAGEMENT D'OUVRIER, DE DOMESTIQUE, DE JARDINIER.

Entre les soussignés,

N....., propriétaire à....., d'une part;
Et R....., jardinier, d'autre part;

A été convenu de ce qui suit, savoir :

Le sieur R....., s'engage à entrer au service de M. N....., en qualité de jardinier, à partir de ce jour et pour un temps illimité, moyennant un gage de....., (par jour ou par mois) en outre du logement et de la nourriture.

M. N...., de son côté, s'oblige à occuper ledit sieur R....., à le loger, à le nourrir comme ses autres domestiques et à lui payer le gage ci-dessus fixé.

Chacune des parties contractantes sera libre de rompre le présent engagement en prévenant l'autre un mois d'avance sans indemnité.

En cas de force majeure ou de cause grave, M. N...., pourra renvoyer immédiatement et sans indemnité le sieur R....., en lui payant son salaire échu. Celui-ci pourra également et pour les mêmes causes quitter M. N..... sans aucune indemnité.

Fait double à.....

(*Signatures.*)

## N° 34.

### Marché avec un entrepreneur pour la construction d'une maison.

Entre les soussignés :

M. H....., entrepreneur de bâtiments, demeurant à..

Et M. P....., propriétaire demeurant à.....

A été convenu ce qui suit :

M. H...... s'engage envers M. P....., à exécuter ou faire exécuter tous les travaux nécessaires à la construction d'une maison que M. P...... se propose d'élever rue....., conformément aux plans et devis annexés au présent marché.

En conséquence, M. H....., entrepreneur, fournira tous les matériaux, exécutera selon les règles de l'art, tous les travaux nécessaires et traitera lui-même à ses risques avec tous autres ouvriers pour les ouvrages qu'il n'exécuterait pas. Les matériaux seront de bonne qualité, et M. P..... ou son mandataire pourra refuser tous ceux qui ne lui paraîtraient pas convenables.

Les travaux commenceront le....., et devront être complétement terminés le......

En cas de retard l'entrepreneur sera passible de vingt francs d'indemnité par jour, que M. P...., pourra retenir sur les sommes dues à M. H.....

Ce marché est fait moyennant la somme de six mille francs, payable, savoir :

(Indiquer les époques et le mode de paiements, ordinairement on convient que le dernier paiement ne sera fait qu'après la réception définitive des travaux par un homme de l'art, ou par l'architecte chargé d'en surveiller l'exécution.)

Fait double à....., le......

(*Signatures.*)

*Nota.* Nous ne donnons pas de modèle de devis, parce que c'est un acte que les hommes de l'art, architecte ou entrepreneur sont capables d'établir. Quaud on est obligé de faire enregistrer cet acte, il donne lieu au droit de 1 pour cent.

## N° 35.

### Autre marché, pour main-d'œuvre seulement.

Les soussignés,

M. N....., maître maçon, demeurant à.....

Et M. P....., propriétaire, demeurant à.....

Ont fait entre eux les conventions suivantes :

1° M. N...... s'oblige envers M. P....., à exécuter solidement, d'après les règles de l'art, et à dire d'experts, les travaux de maçonnerie d'une maison que M. P...... se propose de faire construire à....., conformément aux plans et devis annexés au présent marché.

2° M. P...... fournira tous les matériaux nécessaires à la dite construction et les amènera à pied d'œuvre.

M. P..... s'oblige à payer à M. N...., pour prix de cette construction et après réception par M....., architecte désigné d'un commun accord, la somme de...... (*indiquer la somme*) à forfait, où à raison de...... fr. par mètre carré.

Fait double à....., le.....

(*Signatures.*)

Quand on est obligé de faire enregistrer cet acte, il donne lieu au droit de 1 pour cent, comme le précédent.

## N° 36.

### Mariage.

DEMANDE AFIN D'OBTENIR UNE DISPENSE DE PUBLICATION.

*A Monsieur le Procureur de la République près le tribunal de première instance de.....*

Le sieur A....., demeurant à.....

A l'honneur de vous exposer :

Qu'il est dans l'intention de contracter mariage avec

mademoiselle....., et qu'il désire être dispensé d'une des publications exigées par l'art. 63 du Code civil : (*indiquer ici les motifs*). S'il n'y en a pas de particuliers on dit : « Parce qu'en raison de la présence des parents dont le consentement est nécessaire, une seule publication suffit pour donner au mariage dont il s'agit toute la publicité voulue par la loi. »

C'est pourquoi il vous prie, Monsieur le Procureur de la république, vu l'article 169 du Code civil, de leur accorder les dispenses de la seconde publication et d'autoriser en conséquence le maire de la commune de....., à célébrer ledit mariage après une seule publication.

Paris, le.....

(*Signature.*)

Cette demande peut être faite par les futurs eux-mêmes s'ils sont majeurs; elle peut aussi être présentée par les parents. Enfin, elle peut être faite séparément par chacun des futurs ou collectivement par tous deux.

## N° 37.

## Quittance en général.

Je soussigné, N...., propriétaire demeurant à....., reconnais avoir reçu de M....., la somme de....., qu'il me devait (*indiquer la cause de la dette*). *Si le débiteur doit autre chose, ou si la somme payée n'est qu'un à-compte ou une annuité de rente ou de loyer, il est prudent de terminer la quittance par ces mots :* sous toutes réserves pour l'année courante.

*Si le paiement fait est un solde de compte, on termine au contraire par ces mots :* Dont quittance finale sans aucunes réserves.

Depuis la loi de 1871, toute quittance doit porter un timbre mobile de 10 centimes, sur lequel il faut, à peine d'amende, mettre, autant que possible, la date et la signature.

Ce timbre doit être fourni ou payé par le débiteur.

## N° 38.

### Demande tendant à obtenir une prorogation de délai pour faire une déclaration de succession.

*A Monsieur le Directeur général de l'enregistrement et des domaines.*

Monsieur,

Le sieur N. (*nom, prénoms, profession*), demeurant à....,

A l'honneur de vous exposer :

Que le sieur M..... est décédé le....., à...

Qu'en raison de l'importance de la succession, de la situation des meubles et des immeubles qui en dépendent, ou d'une contestation survenue pendant l'inventaire, etc. (*préciser le genre de difficulté qui empêche de faire la déclaration*), il est dans l'impossibilité de faire, dans le délai de six mois, la déclaration de succession prescrite par la loi;

C'est pourquoi il vous prie, Monsieur le Directeur, de vouloir bien lui accorder une prorogation de délai de trois mois.

Il a l'honneur d'être,

Monsieur le Directeur,

Votre très-humble et très-respectueux serviteur.

*Nota.* — Cette demande doit être transcrite sur une feuille de timbre à 0 fr. 60 centimes, et déposée au bureau d'enregistrement du lieu de l'ouverture de la succession.

## N° 39.

### Déclaration de succession.

*Etat des objets mobiliers et valeurs mobilières dépendant de la communauté qui a existé entre* (nom, prénoms, profession et demeure des époux) *et de la succession de ce dernier* (*ou de cette dernière*), *décédée à....., le...*

(Si les époux étaient mariés sans contrat, il faut l'indiquer ou faire mention du contrat de mariage, du nom du notaire et de la date; on indique aussi si le défunt a fait une donation ou un testament au profit de son conjoint survivant.)

Les héritiers sont (*indiquer les nom, prénoms, profession, demeure et le degré de parenté*).

| DÉTAIL DES BIENS MEUBLES. | F. | C. |
|---|---|---|
| Faire ici l'estimation article par article, en groupant toutefois les objets de même nature. . | » | » |
| Créance sur (*nom du débiteur, nature du titre et date, s'il en existe*). . . . . . . . . . . . . . . | » | » |
| Intérêts du... au jour du décès. . . . . . . . | » | » |
| Rente sur l'Etat (1) de 3 p. 0/0 ou 4 1/2 p. 0/0 inscrite nº... série....., capital. . . . . . . . . . | » | » |
| Action sur le chemin de fer de l'Est, nº....., au cours. . (2). . . . . . . . . . . . . . . . . . | » | » |
| Obligation sur la compagnie du..... nº..... ci. | » | » |
| Fermages ou loyers échus, au décès, ci. . . | » | » |
| Arrérages de la rente constituée au défunt suivant acte du. . . . . . . . . . . . . . . . . . . . . | » | » |
| Cautionnement (*si le défunt était comptable public ou officier public*). . . . . . . . . . . . | » | » |
| Intérêts du....., au jour du décès, etc. . . . . | » | » |
| Ensemble. . . . . . . . . | » | » |
| Dont 1/2 à la succession. | » | » |

Certifié véritable à....., le.....

*Nota.* — Cet état doit être fait sur timbre.

En ce qui concerne les immeubles, on en fait le détail sur papier timbré, s'ils ne sont pas loués ou affermés par acte enregistré.

S'ils sont loués par bail enregistré, on en fait la déclaration en masse.

| IMMEUBLES DE COMMUNAUTÉ. | F. | C. |
|---|---|---|
| Biens affermés suivant bail du . . . . . . . . | » | » |

(1) Aujourd'hui les rentes sur l'Etat doivent être déclarées comme toutes les autres valeurs.

(2) Si les actions ou obligations sont réunies en un certificat, en indiquer le numéro.

La ferme de....., territoire de...., consistant en 20 hectares de terres, prés et maison d'habitation avec dépendances, d'un revenu, charges comprises, de. . . . . . . . . . . . . . . . . . . . » »

BIENS NON LOUÉS.

Maison située à....., rue....., n°....., composée de...., d'un revenu locatif de. . . . . . . . » »

10 ares 20 centiares de jardin y attenant, d'un revenu de. . . . . . . . . . . . . . . . . . . . . . » »

40 ares 14 centiares de terre, lieudit...., même territoire, d'un revenu de. . . . . . . . . . . . » »

15 ares de pré, lieudit...., même territoire. . » »

Total. . . . . . » »

Dont 1/2 à la succession. . . . » »

Propres du défunt. . . . . . . » »

4 ares 40 centiares de terre, lieudit....., territoire de...., d'un revenu de. . . . . . . . . . . » »

Total général . . . . » »

*Nota.* — On ne déclare pas la valeur des immeubles, mais ce qu'ils rapportent, parce que c'est d'après la valeur locative que le droit est perçu; s'ils sont loués, on indique le prix du bail ; s'ils ne le sont pas, on évalue le prix que l'on pourrait en tirer.

Si les héritiers ne peuvent se présenter au bureau de l'enregistrement pour faire la déclaration, ils peuvent, ou l'un d'eux au nom de tous, rédiger l'état ci-dessus, en y ajoutant les immeubles à la suite, dans la forme d'un pouvoir en ces termes :

Les soussignés ou le soussigné (*nom, prénoms, profession et demeure*), donnent pouvoir à M..... (*en blanc*), de déclarer les biens meubles et immeubles ci-après désignés, provenant tant de la communauté qui a existé, etc. (*comme ci-dessus*).

Certifié véritable à....., le.....

Enfin, si les héritiers sont illettrés et ne savent pas signer, ils devront se présenter au bureau de l'enregistrement en personne, et faire la déclaration des valeurs composant la succession au receveur, qui la transcrira en détail sur les registres des déclarations de successions.

## N° 40.

### Acte d'association en participation.

Entre les soussignés :

1° M. J..... (*nom, prénoms, qualité et demeure*) ;

2° M. B.....

Il a été dit, arrêté et convenu ce qui suit :

Une société en participation est formée entre les soussignés pour l'achat et la revente de.....

L'achat sera fait par M. B....., aux conditions et aux prix qui lui paraîtront les plus avantageux.

Les fonds nécessaires pour payer le montant de l'achat seront fournis moitié par M. J..... et moitié par M. B.....

La vente desdites marchandises sera faite par les deux associés, ensemble ou séparément. Les bénéfices ou les pertes qui en résulteront seront partagés par moitié, et après que les comptes auront été apurés et soldés, la présente société demeurera dissoute.

Fait à....., le...., en autant d'originaux que de parties contractantes.

*Nota.* — Un acte n'est pas absolument nécessaire pour constater l'existence de la participation. Cette espèce de société peut être prouvée par les registres, la correspondance et même par témoins.

Nous ne donnerons pas de modèles des autres actes de société, parce que les sociétés en nom collectif ou en commandite nécessitent des formalités pour l'accomplissement desquelles il est prudent de recourir à un homme de loi. C'est surtout pour les ventes de bois et de biens que ce genre d'association est usité.

Cet acte doit être enregistré et donne lieu aux droits suivants .

5 fr. jusqu'à 5,000 et au-dessous;
10 fr. de 5,000 à 10,000 ;
20 fr. de 10,000 à 20,000.

Et ainsi de suite, en ajoutant 20 francs par chaque 20,000.

## N° 41.

## Testament olographe.

### 1° Legs universel.

Je soussigné (*nom, prénoms, profession*), demeurant à..., déclare instituer M..., mon légataire universel.

Bar-le-Duc, le...

(*Signature.*)

### 2° Legs a titre universel.

Je soussigné (*nom, prénoms, profession*), demeurant à..., déclare léguer à E..., tous mes immeubles ou tous mes meubles ou la moitié de mes biens.

Bar-le-Duc, le...

(*Signature.*)

### 3° Legs particulier.

Je soussigné (*nom, prénoms, profession*), demeurant à..., déclare léguer à M... (*désigner l'immeuble ou l'objet ou la somme d'argent que l'on veut léguer*).

Bar-le-Duc, le...

(*Signature.*)

*Nota.* — Le testament olographe n'est valable qu'autant qu'il est écrit en entier par celui qui le fait et qu'il est daté et signé.

Nous ne saurions trop répéter le conseil que nous avons donné à propos des testaments; c'est que, si l'on veut sortir de la simplicité des formules qui précèdent et imposer quelques conditions à son légataire, il faut consulter un homme de loi.

Cet acte doit être enregistré et donne lieu au droit fixe de 7 fr. 50, plus les décimes.

## N° 42.

## Acte de vente d'objets mobiliers.

Entre les soussignés :

M. J... (*nom, prénoms, profession et demeure*),
d'une part;

Et M. A....., d'autre part;

A été dit, convenu et arrêté ce qui suit :

M. J... vend, par ces présentes, à M. A..., qui l'accepte (*désigner les objets, espèce, nature, quantité, poids, etc.*)

Lesquels se trouvent en ce moment à..., et ont été visités et marqués par mondit sieur à...

La présente vente est faite, moyennant la somme de..., que M. A..., s'oblige à payer à M. J..., au moment de l'enlèvement des objets vendus, ou dans le délai de... Cet enlèvement devra avoir lieu dans un délai de... à dater de ce jour.

Les frais d'enregistrement des présentes et autres seront supportés par celle des parties qui y donnera lieu.

Fait double entre les soussignés, à..., le...

(*Signatures.*)

Cet acte doit être enregistré et donne lieu au droit de 2 pour cent.

## N° 43.

### Modèle de vente d'un fonds de commerce.

Entre les soussignés :

M..., marchand, demeurant à..., d'une part;
Et N..., commis, demeurant à..., d'autre part;

A été convenu ce qui suit :

M... vend à N..., qui accepte, le fonds de commerce qu'il exploite à X....., ensemble l'achalandage et les ustensiles servant à son exploitation, suivant l'état descriptif annexé au présent acte.

N.... prendra possession dudit fonds, à partir du..., et en jouira comme de chose à lui appartenant.

La présente vente est faite moyennant la somme de... francs payable de la manière suivante :

Les marchandises garnissant ledit fonds seront payées en dehors du prix ci-dessus au prix de facture ou à dire d'expert.

N... supportera à dater de son entrée en jouissance les contributions et le loyer de l'appartement et des magasins dont il prendra possession.

De son côté, M... s'interdit, sous peine de tous dommages et intérêts, la faculté d'exercer directement ou

indirectement le même commerce dans un rayon de...
Fait double à..., le...

Cet acte doit être enregistré et donne lieu au droit de 2 pour cent.

## N° 44.

### Vente d'immeuble.

Entre les soussignés :

N. X. (*nom, profession et demeure*), d'une part;

Et M. X... d'autre part;

A été convenu ce qui suit :

N. X... vend à M. X....., qui l'accepte, une maison située à... (*désigner la rue, les voisins et le numéro; s'il existe des objets qui puissent être considérés comme meubles ou comme immeubles par destination, tels que glaces, chantiers de cave, étendoirs dans les greniers, il faut les désigner soit pour les vendre, soit pour les retenir, afin d'éviter toute difficulté.*)

*Etablissement de la propriété.*

(*Indiquer autant que possible les anciens propriétaires.*)

Cette maison appartient au sieur N. X..., comme l'ayant acquise le... du sieur X....., moyennant... Le sieur X....., l'avait lui-même acquis du sieur Y... le..., moyennant...

L'acquéreur sera propriétaire de la maison dont il s'agit à dater de ce jour et en jouira soit en l'habitant lui-même, soit en percevant les loyers, à dater de ce jour, si la maison est louée.

Cette vente est faite, en outre, aux conditions suivantes :

L'acquéreur souffrira les servitudes passives et profitera des servitudes actives à ses risques et périls sans aucun recours contre le vendeur; il entretiendra le bail ou les baux existants (*préciser la durée des baux*); il entretiendra jusqu'à son expiration l'assurance contractée avec la compagnie..., et il la renouvellera à son expiration, soit à la compagnie, soit à une autre; jusqu'à ce qu'il se soit complétement libéré de son prix d'acquisition.

Il paiera à dater de ce jour les contributions de toutes natures dont ladite maison est grevée.

*Prix.*

Enfin, cette vente est faite moyennant la somme de... que l'acquéreur s'oblige à payer de la manière suivante... avec intérêts à cinq pour cent à dater du... jusqu'au remboursement.

L'acquéreur reconnaît que le vendeur lui a fait remise des anciens titres, qui sont...

Fait double à..., le...

*Nota.* — Quand il s'agit d'immeubles ruraux, il faut avoir soin d'indiquer la contenance et de stipuler, conformément aux principes que nous avons exposés au chapitre de la vente, si l'on entend garantir ou non la contenance. (Voir notre *Traité élémentaire de Droit français*.)

Si l'on met la clause relative à l'assurance, il faut faire enregistrer la police; sans cette précaution on s'exposerait à payer une amende lors de l'enregistrement de la vente.

La totalité du prix doit toujours être énoncée dans l'acte; toute dissimulation est une fraude dont on peut être soi-même victime; par exemple, si l'immeuble vendu est un propre du mari, celui-ci s'expose ou il expose ses héritiers, en dissimulant une partie du prix, à ne pouvoir réclamer, lors de la dissolution de la communauté, que la somme portée dans l'acte.

Cet acte doit être enregistré et donne lieu au droit de 5 fr. 50 pour cent plus les décimes.

## N° 45.

## **Vente de marchandise.**

Entre les soussignés :

N....., d'une part;

Et R....., d'autre part;

A été convenu ce qui suit, savoir :

Le sieur N..... s'engage à livrer au sieur R..., dans le délai de... (*semaines ou mois*), telle marchandise à tant le kilog., ou le quintal (*ou la mesure ou la pièce*), à prendre à... (*désigner le lieu*), moyennant la somme de..., que ledit sieur R...... consent et s'engage à payer (*comptant*) ou à telle époque en son domicile à (1).....

Fait double à B...

(*Signatures.*)

## N° 46.

### Vente de récoltes.

Entre les soussignés :

B..., propriétaire à... d'une part;
Et T....., d'autre part;

A été convenu ce qui suit :

Le sieur B.... vend au sieur T.... la récolte de toutes les vignes qu'il possède sur les finages ci-après, savoir :

1°... ares... centiares, à D...

2°...

La présente vente est faite moyennant la somme de... que le sieur T....... s'engage à payer (*indiquer les époques et le lieu du paiement*).

Fait double à...

(*Signatures.*)

Cet acte doit être enregistré, et donne lieu au droit de 2 pour cent.

---

(1) Il est important de préciser le lieu de la livraison et celui du paiement, parce que ces indications déterminent la compétence du tribunal, en cas de contestation.



BAR-LE-DUC, IMPRIMERIE CONTANT-LAGUERRE.

A LA MÊME LIBRAIRIE

# CARTES MURALES

## DE M. E. LEVASSEUR.

**L'Europe** (échelle : 1/4 000 000). — Collée sur toile, vernie, avec gorge et rouleau ........................ 20 fr.

Indépendamment des hachures figurant la montagne, des teintes hypsométriques en bistre, plus ou moins foncées suivant l'altitude, rendent plus saisissant le relief du sol. Les noms des villes ont une grandeur proportionnelle à leur population. Les principaux traits de la climatologie et les principaux faits de la géographie historique et économique, y sont figurés à côté de la géographie physique.

**La France** (échelle : 1/1 000 000). — Collée sur toile, vernie, avec gorge et rouleau .................... 20 fr.

Cette carte à l'échelle de un millimètre par kilomètre offre, comme la précédente, des hachures et des teintes hypsométriques en bistre. Les villes y ont une grandeur proportionnelle à leur rang administratif et à leur population. Une couleur particulière sert à marquer les chemins de fer, les champs de bataille, les lieux historiques, les mines, les principales industries. La mer et les cours d'eau sont imprimés en bleu foncé.

**La France** (échelle : 1/600 000). — Collée sur toile, vernie, avec gorge et rouleau .................... 30 fr.

Cette carte représente, à une plus grande échelle et avec plus de détails, la France sous les points de vue de l'enseignement physique, politique et historique, administratif, économique.

**Carte des chemins de fer français** (échelle : 1/1 000 000). — Collée sur toile, vernie, avec gorge et rouleau.................................. 25 fr.

**La Terre ou Planisphère** (sous presse). (Echelle : 1/25 000 000 à l'équateur).

Cette carte est conçue dans le même esprit et exécutée par les mêmes procédés que la carte d'Europe.

*Nota.* — A la France à 1/1 000 000, à l'Europe et à la Terre correspondent des *cartes murales muettes* sur toile ardoisée, pour exercer les élèves (voir notre Catalogue).

## A LA MÊME LIBRAIRIE

### Ouvrages du même auteur,

TRAITÉ ÉLÉMENTAIRE ET PRATIQUE DE DROIT FRANÇAIS, à la portée de tout le monde; deuxième édition corrigée et considérablement augmentée. Prix, broché, 5 fr. »

COURS DE LÉGISLATION USUELLE, conforme au nouveau programme officiel de l'enseignement secondaire spécial, avec questionnaire. 4e édition. Prix broché : 3 fr. 50

LEÇONS ÉLÉMENTAIRES DE DROIT COMMERCIAL, à l'usage des écoles primaires et des écoles professionnelles. 3e édition, 1 volume in-18. Prix, broché : 1 fr. »

PREMIERS ÉLÉMENTS DE DROIT USUEL ET PRATIQUE, à l'usage des écoles primaires et des classes d'adultes. Prix, cartonné : 80 c.

COURS ÉLÉMENTAIRE ET PRATIQUE DE MORALE, d'après le programme de l'enseignement secondaire spécial. 1 vol. in-18 jésus. Prix, cartonné : 85 c.
Cartonné avec luxe à l'anglaise, pour prix : 1 fr. 20 c.

CE QUE C'EST QUE LE DEVOIR, premières et secondes lectures, nouvelle édition. Prix, cartonné: 60 c.
— cartonné à l'anglaise, pour étrennes et pour prix : 70 c.
— cartonné en percaline : 1 fr. 10 c.

Ces ouvrages ont été couronnés par la Société d'Encouragement au bien, et approuvés par plusieurs évêques.

COURS ÉLÉMENTAIRE D'ÉCONOMIE SOCIALE ET INDUSTRIELLE, à l'usage de tout le monde, des lycées, des colléges et des écoles primaires; rédigé d'après le programme de l'enseignement secondaire spécial. 1 volume in-12. Prix, cartonné : 1 fr. »

ABRÉGÉ DU COURS D'ÉCONOMIE INDUSTRIELLE ET SOCIALE, à l'usage des écoles primaires. Prix : 25 c.

EXPLICATION DE LA LOI DU 23 AOUT 1871, SUR LES NOUVEAUX DROITS D'ENREGISTREMENT ET DE TIMBRE, relatifs aux Locations verbales et par écrits et aux Quittances. Prix, broché : 60 c.

NOTIONS ÉLÉMENTAIRES SUR L'ORGANISATION ADMINISTRATIVE DE LA FRANCE, à l'usage des écoles primaires. (*Sous Presse.*)

EXPLICATION de la loi du 27 juillet 1872, *sur le recrutement de l'armée*, 1 vol. in-12 broché : 70 c.

*Supplément* contenant les décrets et instructions ministérielles relatifs aux engagés conditionnels d'un an. Piqûre in-12 : 20 c.

ÉTUDE SUR LE MORCELLEMENT DE LA PROPRIÉTÉ, suivie de notions élémentaires sur l'échange, 1 vol. in-18 broché : 1 fr. »
Ouvrage couronné par l'Académie nationale.

LA MISÈRE, ses causes, moyens d'y remédier. Prix : broché, 50 c.

LES GRÈVES. Prix : broché, 50 c.

Bar-le-Duc, Imprimerie Contant-Laguerre.

www.ingramcontent.com/pod-product-compliance
Ingram Content Group UK Ltd.
Pitfield, Milton Keynes, MK11 3LW, UK
UKHW020442230726
13925UKWH00004B/1776